ESSAIS

D'ARITHMÉTIQUE

POLITIQUE

ESSAIS D'ARITHMÉTIQUE POLITIQUE;

Par Antoine DIANNYÉRE, *Associé de l'Institut national, etc.*

Peut-être..... dans plusieurs branches des sciences politiques, approchons-nous du terme où tout ce que la raison peut faire seule sera épuisé, où l'application du calcul deviendra le seul moyen de faire de nouveaux progrès.

CONDORCET.

A PARIS,

Chez GOUJON fils, Imprimeur-libraire, rue Taranne, N.º 737.

DEBRAY, Libraire au Palais-égalité, Galeries de bois;

Et à l'ancienne Librairie de DUPONT (de Nemours), rue de la Loi, N.º 1231.

NIVOSE AN VIII.

PRÉFACE.

Les mots *économie politique* signifient, d'après leur étymologie, *les lois de la maison publique ;* et l'application du calcul à ces objets, s'appelle *arithmétique politique.* Cependant, pour des motifs qu'il est inutile de développer, l'économie politique a été restreinte ; elle embrasse seulement les lois administratives de la maison publique, et ce qu'on lui a ôté se nomme *art social* ou mieux, *science sociale.*

Ce qui lui reste est assez vaste, c'est l'exposé et l'examen des lois administratives qui ont existé, qui existent, qui peuvent exister ou qui devraient exister. Il est assez important ; c'est la diminution des malheurs de la génération actuelle et la préparation de la prospérité des générations futures.

Sans doute Pope a eu tort de dire :

Le meilleur des États ?... le mieux administré.

Mais il est certain que l'on n'est pas bien

dans un état qui n'est pas bien administré. Il s'en suit que chez un peuple où tous sont appelés à faire des lois, à gouverner, à administrer, où tous ont ou peuvent avoir une influence directe ou indirecte sur les législateurs et les gouvernans et où ceux qui ont une part active et continuelle dans l'administration sont à la population totale au moins comme 1 est à 166 ; il s'en suit que chez ce peuple, la connaissance de l'économie politique est absolument nécessaire (1). En effet, les lois de ce genre, le

-----

(1). Constitution de l'an 3. Joignez au nombre des fonctionnaires publics administrateurs, celui des fonctionnaires publics salariés de l'ordre judiciaire, et la proportion sera au moins comme 1 est à 146. En 1664, le nombre des individus ayant en France des offices de justice et de finance et des gages, était à la population comme 1 est à 158. Ainsi, autrefois comme dans ces derniers tems, la multiplicité des fonctionnaires publics était une des maladies de la France ; et c'est peut-être à son ancienneté que l'on doit sa durée. On peut la considérer sous deux rapports. Les gages ou salaires qui étaient et qui sont une partie très-forte de la

mode de leur exécution et leur exécution, pour être même passables, doivent être le

---

fortune publique ; en 1664 elle était environ le douzième des impôts pour les seules charges dont j'ai parlé ; actuellement elle est beaucoup plus considérable. Enfin, l'agriculture, le commerce, les arts, les sciences sont privés de bras ou de talens qui seraient utiles. Il faut donc être très-avare de fonctions publiques, salariées ou non. On pourrait en induire qu'*habituellement la contribution sociale ne doit pas être une part proportionnelle du produit net, croissante et décroissante avec lui.*

Les réformes en ce genre, pour être heureuses et durables, doivent être précédées, accompagnées et suivies de la *simplification* des lois et des formes judiciaires et administratives ; c'est le seul moyen d'ôter à l'incapacité des travaux importans. Cependant, malgré les lois et les formes actuelles, ils pourraient être faits, mieux et plus vite, avec le quart des fonctionnaires publics établis par la constitution de l'an 3. Quoi qu'il en soit et quelles que soient les améliorations qu'améneront l'expérience et les circonstances présentes et futures, il y aura toujours des gouvernans, des législateurs, des administrateurs, une opinion publique, la liberté de la presse ; et dès-lors, l'intérêt de tous est que les résultats de l'économie politique aient le

résultat de beaucoup de faits et de beaucoup de combinaisons ; la pratique, quelque
étendúe qu'elle soit, quelque tems qu'elle
laisse à la réflexion, ne peut apprendre ni
les faits observés ou recueillis, ni les combinaisons qu'on en a faites, ni les résultats
qu'on en a tirés ; elle ne peut remplacer
l'expérience des siècles et les méditations de
quelques hommes de génie et de plusieurs
hommes de mérite.

Avec la théorie, on acquiert aisément la
pratique ; il ne s'agit que de comparer les
faits que l'on voit à ceux que l'on connaît
déja et de leur appliquer les principes que
l'on a ou établis ou adoptés.

Ce sont les Français qui ont fait de l'é-
conomie politique, une science. Mais on a
dû reprocher aux inventeurs et à quelques-
uns de leurs premiers disciples, un ton trop
dogmatique, une obscurité fatigante, des

---

plus de certitude et de précision possible et soient
connus le plus généralement possible. Ils seront le
thermomètre avec lequel on jugera les bons et les
mauvais. *(Note écrite le 30 brumaire an 8).*

conjectures et même des erreurs données magistralement pour des vérités démon-trées.

Ils brisaient les fers du commerce ; ils simplifiaient l'administration; ils arrachaient l'agriculture à son antique avilissement ; ils parlaient de liberté; ils annonçaient des lois éternelles.

Les services qu'ils rendaient leur firent encore plus d'ennemis que leurs fautes.

La paresse, l'oisiveté, l'irréflexion, l'igno-rance furent irritées de ce qu'ils leur enle-vaient une partie de leur domaine.

On appela l'économie politique, une vaine métaphysique.

Il était plus facile de l'injurier que de l'approfondir.

Il était plus facile de ridiculiser des hom-mes estimables, que de les étudier, de les combattre et de les rectifier.

Mais, lorsque beaucoup de personnes s'a-charnent contre quelques ouvrages, elles augmentent nécessairement le desir de les lire ; ils furent donc médités, les écrits des inventeurs de l'économie politique ; leurs fautes et leurs erreurs furent donc ou réparées ou modifiées par leurs successeurs, autant que les considérations personnelles ou nationales le permettaient. Il était impossible aux premiers d'y avoir le moindre égard ; le sentiment de leurs découvertes, la rage, le nombre et l'importance de leurs ennemis leur inspiraient de l'enthousiasme ; et l'enthousiasme ne sait ni composer ni revenir sur ses pas. Les derniers, qui ne rencontraient plus les mêmes obstacles, n'avaient plus la même passion ; la même conduite ne leur aurait pas procuré la même gloire ; ils ont dit des vérités utiles ; et quelques-uns d'eux s'inquiétant peu de ce qu'en diraient les philosophes, en ont quelquefois tiré des conséquences qui étaient évidemment fausses, mais qui caressaient la multitude et qui flattaient leur gouvernement.

Cependant on a continué de ne se servir que des raisonnemens et de la langue usuelle ; et comme les raisonnemens, à cause de la difficulté de bien définir les termes et celle d'employer le mot propre, n'obtiennent pas toujours le succès qu'on en espère ; et comme les langues usuelles ne permettent pas de donner aux résultats une précision rigou- reuse, l'ignorance n'a pas cessé de s'ima- giner qu'elle pouvait, en économie politique, avoir un avis sans l'avoir apprise, et la va- nité de dire que l'économie politique n'est qu'une vaine métaphysique.

A ceux qui veulent avec les instrumens ordinaires, exploiter cette mine immense, il reste donc encore beaucoup de filons très- riches.

Il en reste donc encore davantage à ceux qui voudront leur adjoindre les instrumens les plus sûrs, l'expérience et le calcul.

Enhardi par ces réflexions et encouragé par mon épigraphe, j'ai osé résoudre d'une manière nouvelle quelques problêmes d'é- conomie politique.

Dès mes premières tentatives, j'ai vu que les faits recueillis par des écrivains exacts, ou observés par moi - même, me permettaient, avec l'aide de calculs élémen- taires ; de démontrer plusieurs propositions importantes. J'ai vu une nouvelle carrière s'ouvrir devant moi, et chacun de mes pas

m'offrir des jouissances pures ; c'était tantôt une difficulté vaincue, tantôt une difficulté à vaincre, c'était toujours des difficultés que j'appercevais et dont j'entrevoyais
souvent la solution ; et, à mesure que j'a-
vançais, les bornes se reculant devant ma
pensée, je disais avec Hume : la politique
pour celui qui est exempt de l'esprit de
parti et de la rage des factions, est l'occu-
pation la plus utile pour les autres, et la
plus agréable pour lui-même. Alors je par-
ticipais en quelque sorte, aux plaisirs qui
accompagnent l'étude des sciences exactes,
et j'avais en outre, celui de donner à des
vérités d'une utilité immédiate et journalière, une précision tellement rigoureuse,
qu'elles ne pourraient plus être combattues
par aucun homme éclairé.

En continuant d'employer les mêmes instrumens, je présume qu'il me serait possible de faire des élémens d'économie politique, dont chaque résultat aurait l'espèce
de certitude dont je viens de parler. Mais
un tel ouvrage, quelque soit l'intérêt que
les travaux de ce genre doivent inspirer et

quel que soit le goût que l'on a depuis plusieurs années pour le calcul, ne peut être
entrepris sans avoir auparavant sondé le
public. Voilà le motif qui m'engage à publier mes premiers essais.

Ils ont été lus à la seconde classe de l'institut national ; les secrétaires en ont rendu
compte aux séances publiques et au corps
législatif; ces comptes sont imprimés. Mais
ce n'est qu'aux secondes lectures que l'on
discute ; et mon éloignement de Paris ne
m'a pas permis d'y assister. Mais les secrétaires, qui par leurs lumières et l'avantage
de ne vivre qu'avec des personnes instruites,
pourraient donner des conseils utiles , se
bornent à indiquer les résultats ; j'en ex-
cepte Lacuée, qui, dans l'extrait de mes
réflexions sur la fortune, me demande de
plus grands développemens ; c'est un nouveau service que je dois à son amitié; et s'il
eût étendu sa critique plus loin, je le re-
mercierais davantage et avec plus de plaisir.

Les deux premiers mémoires ont été insérés dans des recueils auxquels présidait
un écrivain de beaucoup d'esprit et de beau-

coup d'instruction, Rœderer ; le premier l'a été encore dans la collection de l'institut national ; et le second l'aurait été, si j'avais pu l'envoyer à tems. Les volumes, pour les années auxquelles les autres appartiennent, sont loin d'être imprimés. Ce sont des encouragemens sans doute assez puissans pour m'autoriser à publier ces essais. Mais il est possible que les excellens ouvrages avec lesquels deux d'entr'eux ont paru, aient été leur unique sauve-garde et les aient défendus contre la critique. Abandonnée à elle-même, ma manière de traiter l'économie politique, aura donc le sort qu'elle mérite. Si elle réussit, ces mémoires seront suivis de plusieurs autres; ils seront suivis des élémens dont j'ai déjà parlé et qui tous les jours me paraissent plus difficiles, parce que j'y pense tous les jours. Eh! quelle distance me sépare des lieux où vivent ceux qui cultivent les sciences, où j'étais forcé de méditer parce que j'étais entouré de personnes qui méditaient, où je me délassais de mes travaux, en m'enrichissant des travaux des autres, où mes pensées se rectifiaient, s'épuraient, s'aggrandissaient au foyer de la discussion. Mes amis, vous manquez à mon cœur autant qu'à mes ouvrages ! regrets inutiles !

Ces mémoires cependant seront et doivent être jugés comme si j'avais joui des exemples et des secours qui m'étaient nécessaires.

Ils ne forment pas un tout; mais chacun d'eux traite plusieurs questions importantes et établit plusieurs vérités utiles ; mais les résultats qu'offre chacun d'eux, servent à démontrer d'une manière plus rigoureuse les propositions qui sont discutées dans les suivans.

Heureux si j'ai atteint mon but ! l'anarchie n'aura plus de levier pour soulever l'ignorance; les gouvernans, les législateurs et les administrateurs, ineptes ou fripons, ne se populariseront plus en appesantissant sur le peuple, la ruine et la mort. Eh ! pourquoi désespérer du succès ou pour moi ou pour ceux qui me suivront? Le mouvement diurne et annuel de la terre, démontré au dix-septième siècle, n'est-il pas, malgré le témoignage des sens et plusieurs millions

de prêtres, dont il sappait la mythologie et
le pouvoir, devenu une vérité que personne
n'ose contredire ? le zèle pour des vérités
plus faciles à saisir et qui n'ont pas des
ennemis aussi nombreux et aussi puissans,
ne peut-il pas parvenir à un résultat semblable ?

PREMIER

PREMIER MÉMOIRE

PREUVES ARITHMÉTIQUES

De la nécessité d'encourager l'agriculture et d'abandonner l'approvisionnement des grains à la liberté du commerce;

Lues à la Classe des Sciences Politiques et Morales de l'Institut, le 7 germinal an 4 (1).

ON sait que dans les tems les plus calamiteux, que dans l'hiver de 1788 à 1789, le nécessaire le plus strict était pour les pauvres de *Londres*, du pain de froment, dont on

____

(1) Ce Mémoire a été imprimé dans la Décade philosophique et inséré ensuite par *Rœderer*, dans la collection de divers ouvrages d'arithmétique politique; l'Auteur y a fait des changemens et des additions; il est imprimé, tel que le voici, dans les mémoires de l'Institut.

A

avait ôté le gruau et le son, de la viande et de la bierre ; pour les pauvres de *Paris*, du pain semblable et des pommes de terre accommodées avec de la graisse ; et pour ceux de *Lyon*, du pain, seigle et froment, dont on avait ôté la fine fleur, et où on avait laissé tout le reste.

Ainsi, le pain était une portion plus considérable de la subsistance du pauvre, à *Lyon* qu'à *Paris*, à *Paris* qu'à *Londres*. J'appelle *pauvres* tous ceux qui n'ont point de *bien*, et qui, soit à cause de leur âge, de leurs infirmités, etc. ne peuvent gagner les nécessités de la vie.

On sait enfin que le Gouvernement anglais s'occupait peu des subsistances de *Londres*, que le Gouvernement français s'occupait beaucoup de celles de *Lyon*, et encore plus de celles de *Paris*.

Examinons maintenant quels ont été, pendant 40 ans, les effets des plus grands soins des Gouvernemens respectifs, pour approvisionner *Paris* que *Lyon*, *Lyon* que *Londres*, et du renchérissement des blés sur la mortalité en général à *Londres* et à *Paris*, et sur le nombre des malades et des morts dans les hôtels-dieu de *Paris* et de *Lyon*.

(3)

J'aurais voulu comparer directement les mortalités de *Londres* et de *Lyon*, et le nombre des malades et des morts dans les principaux hôpitaux de *Londres*, avec celui des uns et des autres dans les hôtels-dieu de *Paris* et de *Lyon*; mais *Messance*, qui m'a fourni les faits, ne fait aucune mention ni des mortalités de *Lyon*, ni du nombre des malades et des morts dans les hôpitaux de *Londres*; et je n'ai pu trouver nulle part des faits si faciles à recueillir et cependant si importans.

Je divise ces 40 années en quatre époques, de 10 années chacune; je réunis les cinq années où le blé a été le plus cher, les mortalités en général, dans les mêmes années, pour les villes de *Londres* et de *Lyon*, et le nombre des malades et des morts, aussi dans les mêmes années, à l'hôtel-dieu de *Paris* et à celui de *Lyon*. Je trouve qu'à *Londres*, l'excédant dans le prix des grains ne présente pas toujours un excédant de mortalité; qu'à *Paris* il en présente toujours un; et qu'à *Paris* et à *Lyon* il offre toujours un excédant de malades et de morts dans leur hôtel-dieu respectif; et en regardant le plus petit nombre comme égal à l'unité, je forme le tableau suivant.

TABLEAU comparatif de l'excédant du prix des grains à Londres, Paris et Lyon, avec les mortalités en général, et le nombre des malades et des morts dans les hôtels-dieu de Paris et de Lyon.

NOMS des VILLES.	ANNÉES.	EXCÉDANT DU PRIX DU BLED PENDANT		EXCÉDANT DES MORTALITÉS en général, pendant les cinq années où le bled a été		EXCÉDANT DANS LES HÔPITAUX pour les cinq années où le blé a été le plus cher, du nombre des	
		les cinq années où il a été le plus haut, sur les cinq autres.	l'année où il a été le plus haut, sur celui de l'année où il a été le plus bas.	le plus cher sur les 5 autres.	le moins cher sur les 5 autres.	malades.	morts.
Londres...	de 1714 à 23.	0.161.	0.481.		0.094.		
	de 1724 à 33.	0.471.	1.076.	0.004.			
	de 1734 à 43.	0.304.	0.855.	0.064.			
	de 1744 à 53.	0.165.	0.495.		0.004.		
Paris......	de 1724 à 33.	0.754.	1.844.	0.077.		0.046.	0.136.
	de 1734 à 43.	0.831.	2.057.	0.286.		0.282.	0.373.
	de 1744 à 53.	0.426.	1.184.	0.078.		0.561.	0.130.
	de 1754 à 63.	0.256.	1.066.	0.037.		0.012.	0.010.
Lyon......	de 1724 à 33.	0.247.	0.525.			0.001.	0.073.
	de 1734 à 43.	0.114.	0.426.			0.016.	0.009.
	de 1744 à 53.	0.601.	1.326.			0.206.	0.237.
	de 1754 à 63.	0.286.	0.556.			0.048.	0.086.

(5)

En formant ensuite de la même manière
un excédant commun de l'excédant du prix
du blé pendant les cinq années où il a été le
plus haut, sur celui des cinq années où il a
été le plus bas, et un excédant commun de
chacune des quatre années où il a été le plus
haut, sur celui des quatre années du même
période où il a été le plus bas, je trouve que
ces excédans ont été,

	à *Londres*.	à *Lyon*.	à *Paris*.
Le premier...	0.275	0.312	0.566
Le second....	0.726	0.708	0.537

Or, comme dans tout pays, dont la prospérité est progressive, le malheur des ouvriers
ne dépend pas du haut prix des grains, mais
des variations dans leur prix, il s'ensuit que
les ouvriers de *Londres*, plus que ceux de
Lyon, et ceux de *Lyon*, plus que ceux de
Paris, se sont procurés cette nécessité de la
vie ; or, comme les Gouvernemens respectifs
s'occupaient plus des subsistances de *Paris*
que de celles de *Lyon*, et de celles de *Lyon*
que de celles de *Londres*, il s'ensuit qu'à la
longue, les soins des gouvernans, pour pro-

curer des subsistances, ont des effets précisément contraires à ceux qu'ils se proposent.

En formant toujours de la même manière un excédant pour les mortalités en général, on trouve qu'il y a eu à *Londres* plus de morts dans les années où le blé a été au prix le plus bas, et que cet excédant est o.007 : mais, comme *Paris* nous présente constamment pour les cinq années de chaque période où le prix a été le plus haut, un excédant de morts ; mais, comme *Lyon*, pour les mêmes cinq années, nous présente constamment un excédant de malades et de morts dans son hôtel-dieu, et que l'événement qui pendant long-tems est arrivé à la suite d'un autre, doit en être regardé comme l'effet, sur-tout lorsqu'on saisit aisément le chaînon qui les unit, et que l'on explique avec la même facilité l'exception, je me contenterai de dire : « Surpassons le peuple chez lequel toutes les » parties de l'agriculture sont si florissantes, » qu'il n'est pas sensiblement affecté par la » disette d'une denrée de première néces- » sité ».

L'excédant des mortalités en général est alors à *Paris* o.119 ; ainsi, en appelant *n* un excédant quelconque dans le prix des grains, l'excédant de la mortalité à *Paris*, sera $\dfrac{n}{4.7562}$.

En faisant la même opération sur les excédans des malades et des morts dans l'hôtel-dieu de *Paris* et dans celui de *Lyon*, l'excédant commun sera

	à Paris.		à Lyon.	
	Pour les malades.	Pour les morts.	Pour les malades.	Pour les morts.
	0.222	0.162	0.067	0.101
et la formule.	$\dfrac{n}{2.5495}$	$\dfrac{n}{3.4944}$	$\dfrac{n}{4.6701}$	$\dfrac{n}{3.8010}$

Ainsi, le même excédant dans le prix du blé augmentait à l'hôtel-dieu de *Paris* le nombre des malades dans une proportion bien plus forte qu'à celui de *Lyon*, et le nombre des morts dans une proportion guères plus forte, quoique l'hôtel-dieu de *Lyon* fût bien moins insalubre que celui de *Paris*. Il s'ensuit que pour les individus peu fortunés, il valait beaucoup mieux vivre dans une ville où il y avait des manufactures dont le produit était d'un débit très-variable, et où le Gouvernement se mêlait moins des grains, que dans une ville où il y avait beaucoup moins de manufactures, plus de ressources en apparence, et où le Gouvernement se mêlait plus des grains. Il suit enfin de ce que les maladies occasionnées par le même excédant étaient plus mortelles à *Lyon* qu'à *Paris*, qu'il faut tellement encourager toutes les parties de l'agriculture que la subsistance des ouvriers des dernières classes et des pauvres se compose d'un grand nombre d'élémens, parce qu'alors l'excédant dans le prix de l'un, ou, ce qui est la même chose, la même privation dans la consommation de l'un d'eux, produira un effet moins funeste et finira, comme à *Londres*, par n'en produire aucun.

En effet, la mortalité commune à l'hôtel-dieu de *Paris*, est 1 sur 4,53 ; ainsi, la plus grande intensité de mortalité, occasionnée dans les autres maladies par l'excédant dans le prix des grains, sera exprimée par la différence entre ces deux fractions 0.162 et 0.049, ou par cette fraction 0.113 : la mortalité commune à l'hôtel-dieu de *Lyon* est 1 sur 12,5 ; ainsi, cette plus grande intensité sera exprimée par la différence entre ces deux fractions 0.1010 et 0.0053, ou par cette fraction 0.0957, tandis que si elle eût été à *Lyon* comme à *Paris*, elle aurait été exprimée par cette fraction 0.048.

Supposons que la difficulté des arrivages ou la suspension des travaux, ou une mauvaise récolte, ou toute autre cause produise dans le prix du blé, une augmentation qui soit o.566 de son prix ordinaire, et que la subsistance des individus qui n'ont que le strict nécessaire, soit

	Pain.	Viande.	Bouillon.	Bierre.
à Londres....	o.4	o.4		o.2
à Paris......	o.7	o.3		
à Lyon......	o.9		o.1	

Et cette dernière hypothèse, pour ce qui regarde *Paris*, est à-peu-près conforme au résultat qu'a donné *Lagrange* dans un excellent essai d'arithmétique politique, inséré par *Rœderer* dans la collection où ce mémoire a eu l'honneur d'être imprimé.

Alors, la privation de ces individus sera à *Londres* o.22, à *Paris* o.39, à *Lyon* o.5 ; et, comme d'après le même essai de *Lagrange*, la consommation annuelle et moyenne de chaque individu de *Paris* est.

642.68 l. (314354.35 grammes) ;

ce qui fait par jour

1.76 l. (860.9 grammes).

Et que l'on peut supposer qu'elle est la même pour chaque individu de *Londres* et de *Lyon* ; cette privation sera alors par jour,

à *Londres*..... 6.2° (184 grammes).
à *Paris*........ 10.7° (304.9 grammes).
à *Lyon*......... 14.2° (428.6 grammes).

La première peut être supportée, la seconde ne le peut pas, la troisième le peut encore moins ; mais la première, quoique vraisemblable est incertaine, puisque nous n'avons d'autres renseignemens sur la consommation des habitans de *Londres* que ceux que j'ai donnés, et puisque, malgré les calculs de *Price* et de plusieurs hommes estimables, la population de *Londres* est même encore un problème à résoudre. Quoi qu'il en soit, il est bien constant que l'on ne peut, sans de très grands risques, être privé de 10.7° (304.9 g.) de sa subsistance journalière, et qu'il est très-heureux que le gouvernement ne se soit jamais assez occupé des subsistances de *Lyon*, pour que l'excédent commun dans le prix du blé ait été 0.566 ; il est bien constant que, lorsque le pain est les sept dixièmes de la nourriture, tout excédant dans son prix est suivi d'un excédant proportionnel dans le nombre des malades et des morts.

Enfin, cet excédant dans le prix du grain doit avoir une influence sur les maladies et la mortalité de l'année suivante ; je ne l'ai pas calculée.

Je ne tirerai de ces faits, ni contre l'ancien Gouvernement, ni contre ceux qui ont approuvé, célébré ou adopté ses principes d'approvisionnement, les conséquences même les plus naturelles ; je dirai seulement : « Puis- » sent les funestes leçons que les faits nous » donnent, n'être pas perdues pour nous ! » Cherchons avec soin les encouragemens » qu'il faut donner à l'agriculture, occupons- » nous des moyens les plus propres à assurer » au commerce LA LIBERTÉ ».

SECOND MÉMOIRE.

Sur quelques - uns des effets des Lois prohibitives ou réglementaires ;

Lu le 2 thermidor, an 4 (1).

On appelle lois prohibitives ou réglementaires , celles qui portent atteinte au droit qu'a
tout individu de faire de sa propriété ce que
bon lui semble. Les législateurs de tous les
tems et de tous les lieux ont reconnu la lé-
gitimité de ces lois , au moins pour les tems
extraordinaires ; et en cela ils ont été d'accord
avec la multitude et avec ceux qui ont en économie politique , des connaissances superfi-
cielles.

Quelques hommes d'un - esprit éclairé et
d'une raison courageuse , ont démontré qu'ils
se trompaient ; mais c'était par des raisonnemens , et les raisonnemens ne convainquent
que les personnes instruites.

Il peut donc encore être utile de s'occuper

---

(1) Ce Mémoire a été imprimé dans le no. 27 du jour-
nal d'économie politique ; l'auteur y a fait des changemens et des additions.

des effets des lois prohibitives ou réglementaires.

Elles peuvent avoir pour objets, les denrées
ou brutes ou manufacturées ; je ne parlerai
ici que d'une partie des premières, que du
grain, parce que c'est des lois sur la vente et
l'achat des grains que demandent principale-
ment l'ignorance et la pauvreté, et que pro-
voquent ceux qui veulent flatter l'une et l'autre,
et parce qu'il sera facile d'appliquer à toutes
les autres lois de ce genre la méthode que
j'emploierai pour calculer les effets de celles-ci.

Je suppose une Nation qui, année commune, ne cueille que sa subsistance ; et cette
Nation est la Nation française ; en effet, il
suit des *résultats* de *Lavoisier*, que chaque
individu n'y a, année commune, à consommer par an, que 4 quintaux, 66 liv., 6.88 onc.
(228152.3688 grammes) de pain, de froment,
de seigle ou d'orge ; de *l'essai d'arithmétique
politique* de *Lagrange*, que chaque individu
consomme en toute espèce de subsistance,
par an, 6ᵈ 54ˡ 4.8° (320048.2178 g.) et par
jour 1ˡ 12.66° (876.1827 g.) et que le surplus par an, de 1ᵈ 87ˡ 13.7²° (91895.2474 g.)
et par jour de 8.22° (251.2988 g.) est fourni
par du blé noir, des chataignes, de la viande,

des légumes, du fromage, des œufs ; de l'extrait des registres du bureau général de la balance du commerce, inséré dans le voyage d'*Arthur Young* en France, qu'en 1787, année qui ne fut remarquable ni par son abondance, ni par sa stérilité, et pendant laquelle la disette ne s'est fait sentir nulle part, l'excédant des importations en grains, légumes, riz, sur les exportations de grains et de légumes, a été, pour chaque individu, 0.5128° (15.6772 gr.) et 0.0014° (0.0429 g.) par jour.

Les Législateurs croient devoir limiter la liberté du commerce des grains ; leur motif est la rareté réelle ou présumée du blé, ou la malveillance des propriétaires ou des commerçans ; quel qu'il soit, il annonce ou que la rareté existe, ou que l'on a des raisons de la craindre ; et dès-lors, l'effet de la loi est d'inspirer et aux propriétaires de grains et à ceux qui peuvent s'en procurer par leur fortune, leurs marchandises ou leurs travaux, le desir d'en avoir non-seulement pour l'année, mais encore pour quelques jours au-delà ; car, c'est alors qu'ils seront sans inquiétude sur ce qui leur est le plus nécessaire, qu'ils ne craindront ni la rareté dont ils sont menacés jusqu'à la récolte prochaine, ni les maux

(15)

qu'entraîneraient le renouvellement possible
de la loi et les intempéries probables pour
chaque canton, quoiqu'elles ne soient jamais
que locales. Les lois les plus terribles exécu-
tées avec la rigueur la plus inexorable, ont
prouvé que l'on ne pouvait empêcher ni les
approvisionnemens clandestins, ni de garder
plus de grains que l'on en a besoin pour sa
consommation. Mais la malveillance ! ce ne
sont pas les lois de ce genre qui l'atteignent.
Cherchez les causes, c'est-là qu'il faut la frap-
per; c'est-là et ce n'est que là que vous pou-
vez l'attaquer avec succès.

Je suppose que chacun d'eux n'en garde ou
ne s'en procure que pour 30 jours de plus qu'il
n'en garde ou ne s'en procure ordinairement;
je suppose qu'il n'y ait que 17,550,000 individus qui conservent ou fassent promptement
ces approvisionnemens. Alors, il y aura pour
chacun des autres un déficit

Par an, de 90^l. 1.97o. (44o83.3661 g.)

Par jour, de 3.95o. (120.7579 g.)

Puisqu'il y a dans la portion de la récolte, à
consommer par eux, un déficit de

4,476,1279. 50^l. (218947985211.5 g.)

Ainsi, ce qu'ils auraient dû avoir est, à ce qu'ils ont, comme 1 est à 0.8067.

Mais parmi ces derniers il y en a beaucoup, les soldats, les principaux ouvriers des manufactures, les artistes, les employés subalternes du Gouvernement, etc. , qui, sans faire ou sans pouvoir faire des approvisionnemens, gagnent cependant assez pour se procurer chaque jour la quantité de pain qui leur est nécessaire ; ainsi, le déficit pourra n'être que pour cette classe, qui, dans tous les tems, a besoin d'assistance, et qui, d'après les cinquième et septième rapports du comité de mendicité de l'assemblée constituante, doit être évaluée au vingtième de la population ; alors il sera,

Par an, 54. 58^l. (175114.268 g.)
Par jour, 15.68^o. (478.8068 g.)

Ainsi, ce qu'ils auraient dû avoir est à ce qu'ils ont, comme 1 est à 0.2328.

Mais il est une autre classe qui peut aussi se ressentir du déficit ; c'est celle des ouvriers qui, dans les tems ordinaires, ne gagnent pas au-delà de ce qu'il leur faut pour se procurer les nécessités de la vie ; et on peut la

croire

croire aussi nombreuse que la précédente , sans crainte d'exagération , puisqu'après les avoir réunies , la proportion de ceux qui auront besoin d'assistance à la population , sera plus faible que celle qui résulte des renseignemens fournis par les ci-devant généralités et les administrations de département, pour les commencemens de la révolution, et qui est, disent-ils, du huitième au neuvième ; alors , le déficit sera ,

Par an, 1q. 79ᴸ· (87557.134 g.)
Par jour, 7.84⁰· (239.4034 g.)

Ainsi, ce qu'ils auraient dû avoir est, à ce qu'ils ont, comme 1 est à 0.6164.

Il paraît, au premier aspect, que ce calcul peut être sappé par sa base elle-même ; en effet, dans des tems moins extraordinaires que le Gouvernement révolutionnaire, la suite des lois prohibitives n'est pas d'engager tout individu qui le peut, à s'approvisionner de grains pour l'année et pour quelque tems au-delà; mais, en dernière analyse, le résultat est toujours le même, puisqu'en prouvant des craintes, elles conseillent à ceux qui n'ont pas un besoin pressant de vendre, de ne pas porter au marché ; et c'est sans doute par ces

B

moyens inconyenables que depuis plus de deux
siècles, suivant l'observation de *Smith*, les
Gouvernemens ont changé les raretés en disettes, et les disettes en famines.

Interrogeons les faits, c'est à eux qu'il ap-
partient de résoudre toutes les difficultés,
puisque c'est par eux seuls que l'économie
politique peut acquérir un degré de certitude
égal à celui que les sciences physico-mathé-
matiques ont acquis. En 1715, le transport
des grains de province à province, et même
à l'étranger, fut déclaré libre et exempt de
tous droits; et, en comparant le prix commun
du blé au marché de *Paris*, pendant cette
année et les deux suivantes, à celui des trois
années antécédentes, on trouve que la baisse
fut 0.7141. — En 1787, et pendant une partie
de 1788, l'importation et l'exportation étaient
libres; et la *France*, pour me servir d'une
expression de *Necker*, était livrée au commerce des grains avec plus d'activité que jamais. En septembre 1788, ce même écrivain,
ministre alors, se hâta de prendre des infor-
mations sur le produit de la récolte et sur
les besoins des pays étrangers; il prohiba
l'exportation; il annonça qu'il avait fait acheter chez l'étranger des grains pour 40 millions

de francs ; les marchés furent protégés par
des troupes ; les municipalités furent autori-
sées à taxer les grains ; des cordons de troupes furent placés aux frontières pour s'oppo-
ser à l'exportation ; et la hausse fut 1.3. Le
taux moyen des hausses, à ces deux époques,
a donc été 1.

Mais, d'après les trois hypothèses que j'ai
faites plus haut, et en supposant égale à l'u-
nité, la quantité de pain que chaque individu
consomme dans les tems ordinaires, le *déficit*
produit par la loi prohibitive ou reglémen-
taire est seulement,

Dans la première hypothèse.   0.1933
Dans la seconde............   0.7672
Dans la troisième..........   0.3836

Ainsi, l'excédant du *déficit* commun, résultat
des faits, sur le *déficit* commun, résultat des
hypothèses, est 0.552.

Ces *déficit* peuvent être assimilés l'un à
l'autre, puisque l'effet de l'un et de l'autre
est de priver les mêmes individus d'une quantité proportionnelle de subsistance ; or, dans
un mémoire que je vous ai lu, j'ai établi,
d'après 40 années d'observations incontes-

tables, que lorsque le pain était plus des sept
dixièmes de la nourriture, il y avait dans la
mortalité en général, et dans le nombre des
malades et des morts des hôpitaux, un excédant proportionnel à l'excédant dans le prix
du grain (1).

Examinons donc sous ces trois aspects, et
dans les trois hypothèses que nous avons
faites, les effets des lois prohibitives ou ré-
glémentaires sur le commerce des grains.

1o. Les faits ne m'ayant permis de donner
la formule que pour *Paris*, et étant possible
que beaucoup d'individus trouvent plus aisément dans le reste de la France les moyens
de remplacer une partie du pain qui leur
manque, par d'autres grains, des légumes ou
des fruits, ou par une angmentation de salaire ou de bienfaisance, je supposerai que
le même excédant dans le prix du blé produit, dans le nombre des morts en général,
un excédant plus faible de moitié, et que le
premier étant n, le second ne sera que $\dfrac{n}{9.5124}$
j'évaluerai, d'après les faits recueillis par
Moheau, la mortalité commune à 793,933.

---

(1) Premier Mémoire.

'Alors, l'excédant dans le prix des grains, effet de la loi prohibitive ou réglémentaire, occasionnera en négligeant les fractions, sur la partie de la population qui en sera affectée, un excédant de morts,

Dans la première hypothèse, de 4,807.
Dans la seconde, de............. 3,201.
Dans la troisième, de......... 3,202.

Alors, le rapport de la mortalité à cette partie de la population, au lieu d'être comme dans les tems ordinaires, au lieu d'être comme 1 est à 31.4888, sera

Dans la première hypothèse, comme 1 est à 30.8866.
Dans la seconde, comme 1 est à....... 29.1395.
Dans la troisième, comme 1 est à...... 30.0267.

2°. L'expérience a prouvé que dans les tems ordinaires il y avait toujours $\frac{1}{400}$ de la population qui était affecté d'une maladie quelconque, et qui avait besoin d'assistance ; ce nombre, dans le même tems, est donc en France 62,500. Je supposerai, pour les raisons que j'ai données dans le paragraphe précédent, que le même excédant dans le prix du blé produit en France dans le nombre des malades des hôpitaux, et de ceux qui reçoi-

B 3

vent ou doivent recevoir des secours à domicile, parce qu'il n'y a pas assez d'hôpitaux ,
un excédant plus faible de moitié que celui
qu'il produit dans les hôpitaux de *Paris* et
de *Lyon*, et que le premier étant n, le second ne sera que $\dfrac{n}{7.2196}$.

Alors, l'excédant du nombre des malades
sera, en négligeant les fractions,

    Dans la première hypothèse, de   1,673.
    Dans la seconde, de .... 6,642.
    Dans la troisième, de.......... 3,340.

Mais, d'après le cinquième rapport du comité de mendicité de l'assemblée constituante,
la journée du malade doit être évaluée à 15 s.
(75 centimes) valeur de 1790; ainsi l'excédant dans le prix du blé, produit par la loi
prohibitive ou réglémentaire, opérera un excédent de dépenses

	Par jour.	Par an.
Dans la première hypo- thèse, de...............	1,254.75 f.	455,983.75 f.
Dans la seconde, de...	4,981.50	1,808,247.50
Dans la troisième, de ..	2,505.	839,325.

3°. Il résulte des faits insérés dans le premier rapport de l'Académie des Sciences sur

l'hôtel-dieu de *Paris,* que dans les principaux hôpitaux de *France,* dans celui du St.
Esprit à *Rome,* et dans celui d'Edimbourg,
le plus salubre des hôpitaux connus, la mortalité commune est, au nombre commun des
malades reçus, comme 1 est à 11.5201 ; à
cause des raisons que j'ai déjà données, et
parce que les secours à domicile sont plus
avantageux que ceux des hôpitaux, je supposerai que le même excédant dans le prix du
blé, produit en *France* sur le nombre des
malades qui sont reçus dans les hôpitaux et
de ceux qui reçoivent ou doivent recevoir des
secours à domicile, parce qu'il n'y a pas assez
d'hôpitaux, un excédant de morts plus faible
de moitié que celui qu'il produit dans les hôpitaux de *Paris* et de *Lyon,* et que le premier étant n, le second ne sera que $\dfrac{n}{7.2954}$.

Alors, les morts seront aux vivans,

Dans la première hypothèse, comme 1 est à 11.2228.
Dans la seconde, comme 1 est à......... 10.4236.
Dans la troisième, comme 1 est à .... 10.9438.

Il sera peut-être inutile d'observer que la
troisième hypothèse est celle qui me paraît
le plus approcher de la vérité.

Il s'ensuit qu'en évaluant aussi bas que possible (et beaucoup au-dessous de ce que permettent les faits) les effets d'une loi prohibitive ou réglementaire sur le commerce des grains, et en faisant même abstraction du renchérissement presque nécessaire que doivent occasionner et la peine promise à ceux qui la violent et le besoin de s'approvisionner plus promptement et pour plus long-tems, elle est presqu'aussi funeste au trésor public qu'à l'humanité.

D'après les faits et les observations consignés dans ce mémoire, jugez ces actes administratifs, ces cris de disette si répétés, ces approvisionnemens si coûteux et si vantés, ces prohibitions si sévères, ces cordons de troupes placés aux frontières, ces appareils de force développés dans chaque marché, les sommes qu'ils ont coûtées, le tems qu'ils ont fait perdre, les hommes qu'ils ont fait mourir ! Ils ont cependant acquis à leurs auteurs une grande popularité !

TROISIÈME MÉMOIRE,

SUR les Manufactures de tapis et de tapisseries d'Aubusson, avant et depuis la révolution.

Lu à la classe des sciences politiques et morales, le 2 brumaire an 5.

LES tapis et les tapisseries qui dans le commerce portent le nom d'Aubusson, sont fabriqués dans cette commune et dans les environs.

Il y avait, avant la révolution, 500 atteliers qui occupaient.................................. 1,500 ouvriers.

Peintres, teinturiers, cardeurs, fileuses, etc... 1,500

3,000

Ils employaient environ 7,838 myriagrammes de matières premières ; on peut les diviser ainsi qu'il suit :

Grosse laine................................ 0.633
Étain et laine fine......................... 0.254
Soye...................................... 0.049
Fil blanc.................................. 0.064

1

La grosse laine se tirait d'Ortez et d'Au-
vergne ; elle servait pour les tapis de pieds et
les tapisseries de médiocre qualité.

Les chaînes de tapisseries fines étaient faites
avec de l'étaim de Tulles et des laines de
Flandres, de Picardie, d'Espagne et d'Angleterre.

On tirait la soie de Paris, de Lyon, de
Saint-Chamond, etc.

Depuis 1788 on se servait de fil blanc, que
l'on tirait d'Allemagne, de Bretagne, et de la
Rochefoucauld.

Depuis quelques années, on teignait à Aubusson toutes les laines, ainsi que les soies
en couleurs ordinaires.

L'entrepôt principal était Paris ; il y en
avait à Bordeaux, Lyon, Lille, etc. — Il se
faisait des expéditions directes et indirectes
pour toutes les parties de l'Europe ; les tapis
à l'aiguille et les tapis ras se vendaient prin-
cipalement pour les États-Unis de l'Amérique
et la côte de Guinée.

L'ancien gouvernement qui était stupide-
ment prodigue lorsqu'il s'agissait de manufactures ou de commerce, et qui ne fut autrement que pendant les ministères de Sully et de

Turgot, l'ancien gouvernement payait chaque
année ,

Un inspecteur....................	3,000 francs.
Un peintre à Paris...............	3,600
Deux écoles de dessin.............	1,200
Dans chacune d'elles, deux prix de 70 francs chaque, ...	280
Un assortisseur..................	60
Un teinturier....................	60
	8,180 francs.

Si on en juge d'après les ouvrages les plus
récents, les teinturiers étaient très-bons et les
ouvriers très-habiles ; les derniers, pour la
plupart, ont été, dit-on, formés ou perfec-
tionnés aux Gobelins. Leurs ouvrages d'élite
peuvent être comparés à ceux de cette manufacture célèbre ; mais ils ne sont pas nombreux.

Leurs ouvrages ordinaires, semblables à ces
jardins anglais que le luxe et la sottise cons-
truisent à Paris, réunissent dans le plus petit
espace possible, le plus d'objets possible ; ce
sont des colonnes, des guirlandes de fleurs,
des feuillages, des arbres, des plantes, des
ruisseaux, des maisons, des animaux, des oi-
seaux, des hommes ; ces colonnes ne sont

d'aucune matière connue et gémissent sous le
poids des guirlandes qui les ceignent ; ces guirlandes sont ou de roses ou de pavots ; ces
feuilles ne sont pas séparées et sont ou trop
vertes ou d'un verd trop jaune ; ces maisons
n'ont été vues ni à la ville, ni au hameau,
et personne ne desire d'en posséder le mo-
dèle ; ces animaux sont sans os, sans chair,
sans muscles ; ces hommes ont un visage d'é-
carlate et sont toujours vétus de rouge et de
blanc. — Tout est placé sur la même ligne. —
Comparez les tableaux et les grisailles aux tapis et aux tapisseries, et vous prononcerez
qu'ils ont été fidèlement copiés par les ouvriers. Certes, pour avoir des peintres et des
dessinateurs aussi mauvais, aussi dénués d'esprit, de talent et de goût, pour avoir des
ouvrages aussi peu propres à établir ou à conserver cette prédominance dans les arts d'a-
grément à laquelle on attachait tant de prix
en apparence et si peu de prix en réalité, il
n'était pas nécessaire de dépenser, chaque
année, 8,180 francs. Jusqu'à présent, le se-
cret de tous les gouvernemens a été de dépenser beaucoup pour faire peu de choses ou
rien, ou des sottises ou du mal.

S'il était prouvé que les gouvernemens doivent aux manufactures des encouragemens ; question qui est encore à examiner ; si cela était prouvé, on verrait qu'avec un inspecteur qui aimerait les arts, qui aurait du goût, et auquel on donnerait un traitement de 12 à 1,500 francs, qu'avec quelques-unes de ces copies et quelques-uns de ces dessins que les élèves en peinture envoyaient à Rome pour être entassés dans les magasins de Paris ou de Versailles, qu'avec une médaille d'or de 100 ou de 150 francs, donnée au fabricant qui proportionnellement au nombre de ses ateliers, en aurait fait copier le plus, et qu'avec une récompense de 100 francs donnée à celui que ses camarades jugeraient avoir été, dans l'année, le meilleur assortisseur ; on verrait, dis-je, qu'avec 1,750 francs, on aurait obtenu des résultats plus satisfaisans et d'autant plus durables, que le fabricant qui avait le plus d'ateliers, n'en avait pas quatre. Les gouvernemens qui répandent le plus d'argent, sont ceux qui encouragent le moins.

Quelques teinturiers, plusieurs fabricans et un plus grand nombre de commerçans ont acquis par ces manufactures, une aisance ou même une fortune plus ou moins considérable ; mais les ouvriers, quels que fussent leur âge , leur sexe ou leur talent , ne vivaient qu'en se privant des agrémens, des commodités et même d'une grande partie des nécessités de la vie ; celui qui a fait la tenture la plus belle qui, de mémoire d'homme , soit sortie des atteliers d'Aubusson , ne gagnait que 2 francs par jour. Tous formaient et forment une caste que l'on reconnaît à son teint blême, à ses yeux creux et éteints, à sa démarche lente , à sa tristesse , etc. Enfin, quoiqu'Aubusson fût et soit bien plus peuplé que Guéret (1) , et soit entouré d'un sol bien moins productif, les commodités et les agrémens de la vie y étaient et y sont à bien meilleur marché. Guéret avait un tribunal d'un ressort étendu et très-occupé , et a actuellement l'administration centrale et les tribunaux civil et criminel. Il vaut mieux débrouiller ou embrouiller les intérêts des hommes , calmer ou exciter leurs passions, que d'ajouter une valeur réelle au produit de leur agriculture, et que de leur procurer des objets commodes ou

____

(1) Aubusson a 4.415 habitans et Guéret 3,379 (*annuaire de l'an* 7); avant la révolution, la population de la première était plus forte , et celle de la seconde plus faible.

agréables. Voulez-vous que les hommes vous soient utiles? flattez leurs passions; nuisez leur.

Les causes du misérable salaire de ces ouvriers, sont d'abord la petitesse de la ville, qui fait que les fabricans étant toujours peu nombreux, ils peuvent s'entendre et faire la loi, et que l'ambition de gagner étant restreinte par le peu de besoin d'augmenter sa fortune, aucun d'eux ne cherche à augmenter le nombre de ses ateliers. Enfin, l'absence de toute manufacture analogue et l'inaptitude de ces ouvriers pour tout travail pénible, contribuent encore à les mettre dans la dépendance des manufacturiers. En considérant les manufactures sous ces deux derniers rapports, il pourrait peut-être s'ensuivre que les Gouvernemens doivent des encouragemens à ceux qui veulent établir, dans une ville où il n'y a que des manufactures d'un seul genre, des manufactures analogues, et pour ne pas sortir du sujet de ce mémoire, que l'ancien Gouvernement, en donnant pendant quelques années pour des manufactures de draps à Aubusson, les 6,430 francs qu'il donnait chaque année, de trop, pour les manufactures de tapis et de tapisseries, aurait montré de l'humanité et peut-être même des lumières.

En effet, dans les commencemens, les fabricans de tapis et de tapisseries, et les fabricans de draps n'auraient pu s'entendre pour ne donner aux cardeurs, aux fileuses, aux teinturiers que ce qui leur était nécessaire pour ne pas mourir de faim. La jalousie que l'on porte naturellement à tout établissement qui ne peut prospérer qu'en nous nuisant, eût éloigné les premiers des seconds, tandis que ceux-ci n'auraient pu employer les ouvriers qu'en les payant plus cher ; il en serait donc résulté, dans tous les salaires, une hausse qui n'aurait eu pour terme que le *minimum* des bénéfices raisonnables pour chaque fabricant, puisque les causes de mésintelligence auraient été en croissant, jusqu'à ce que les premiers auraient perdu l'espérance de ruiner les autres, et jusqu'à ce que les seconds auraient pu leur pardonner de s'être opposés à leur prospérité, et puisque les effets de ces passions discordantes auraient été chaque jour accompagnés de *propos* qui, dans une petite commune, ne sont jamais perdus. En attendant, les ouvriers auraient gagné davantage, auraient joui de quelqu'aisance ; et leurs enfans mieux soignés, mieux nourris n'auraient plus fait une espèce à part et incapable de

tout

tout travail pénible. Enfin, dans les climats froids ou tempérés, les draps sont nécessaires et rendent d'autant plus de service qu'ils sont plus fins, plus légers, plus moëlleux; les tapis de pieds sont commodes, utiles, mais leur haut prix et leur peu de durée par-tout où l'on ne va pas toujours en voiture, les réservent pour les gens très-riches; les tapisseries durent davantage et conservent le calorique mieux que les boiseries et les papiers, mais elles leur sont inférieures sous beaucoup de rapports, et sont en outre beaucoup plus chères. Ainsi, les manufactures de draps doivent prospérer, et les manufactures de tapis et de tapisseries doivent décliner à-peu-près proportionnellement à la progression de prospérité des peuples pour lesquels elles fabriquent; car, l'une des suites les plus certaines de cette progression, c'est l'augmentation de l'aisance générale, et par conséquent la diminution des fortunes colossales. Dès-lors, l'ancien Gouvernement, par ses encouragemens aux fabricans de draps, aurait donc offert une ressource assurée aux ouvriers que le déclin progressif des manufactures de tapis et de tapisseries laissait chaque année sans ouvrage, et qui auraient été incapables d'un autre travail.

Il résulte de ce que j'ai dit, et des renseignemens que j'ai recueillis, que la population du canton d'Aubusson, qui est de 10,360 habitans, pouvait, dans le tems où les manufactures étaient le plus florissantes, être divisée ainsi qu'il suit :

Ouvriers attachés aux manufactures...... 0.2895.
Laboureurs, marchands, serruriers, charrons, etc.............................. 0.5985.
Émigration industrielle et annuelle....... 0.0579.
Propriétaires, gens de loi, etc........... 0.0541.
____
1.

Ces manufactures, puisqu'elles tiraient de l'étranger une partie des matières premières, et puisqu'elles fabriquaient en grande partie pour lui, ont dû commencer à déchoir dès que les *assignats* ont été la seule monnaie, et qu'ils ont eu dans l'Europe une valeur inférieure à celle qu'ils avaient en France ; et elles ont dû être à peu près anéanties dès que la République a eu pour ennemi l'Europe presqu'entière. A ces causes suffisantes de destruction, il s'en est joint plusieurs autres plus

terribles encore, et qui ont laissé des souve-
nirs trop douloureux pour qu'il soit nécessaire
de les indiquer. La France couverte de cica-
trices et rongée d'ulcères, ne les connaît que
trop.

En ventose de l'an 2, il n'y avait en activité qu'à-peu-près 20 ateliers qui occupaient

En ouvriers.. 60.
Et par conséquent, en cardeurs, fileuses,
    teinturiers.................................... 60.
                                             120.

A la fin de thermidor de l'an 3, il n'y avait
en activité que trois ateliers.

Avant la révolution, le nombre des ouvriers,
hommes, était à celui des ouvriers, femmes
et enfans, comme 2 est à 3.33.

Ceux des premiers qui avaient encore quelques forces, qui n'avaient pas encore été to-
talement épuisés par la misère, font partie ou
des défenseurs de la patrie, ou de l'émigration
industrielle; on peut évaluer les uns et les
autres à 480.

Ainsi, il y a eu et il y a encore à Aubusson environ 645 hommes, et 1,875 femmes ou
enfans sans ouvrage.

Les assemblées constituante, législative et conventionnelle convaincues qu'une révolution qui irritait toutes les préventions et toutes les prétentions, devait nécessairement laisser beaucoup d'ouvriers sans ouvrage, accordèrent au département de la Creuse, par les lois des 13 juin et 19 décembre 1790, du 9 octobre 1791, du 12 juillet 1792, des 6 février et 26 avril 1793, 267,065 fr. pour être employés en ateliers de secours. Le contingent du district d'Aubusson fut, à quelques deniers près, 47,419 francs et par conséquent, année commune, 15,806 fr. 32 cent.

Je suppose que l'administration de ce district ait chaque année consacré cette somme à donner du travail aux seuls manufacturiers ; je suppose qu'elle n'en a rien distrait pour l'achat, l'entretien et les réparations des outils, des brouettes, etc. ; je suppose que le prix commun des journées a été 75 cent. ; et je suis loin de croire à aucune de ces suppositions. Alors, elle aura pu chaque année employer pendant environ 30 jours 703 tapissiers de tout âge et de tout sexe, ou, pendant moins de 9 jours, la totalité de ceux qui n'avaient point d'ouvrage. Que sont des soulagemens aussi faibles pour des maux aussi grands !

Examinons leurs effets. Voyez les portions de routes que ces bras sans muscles ont construites avec tant de peine; elles ne sont ni assez bien faites ni assez considérables pour être mises à l'entretien; on ne vient que d'y travailler, et les pluies et les neiges les ont déjà presque détruites. L'argent qu'elles vous ont coûté est un argent perdu. Un manufacturier, un artiste est, sur un chemin, aussi déplacé qu'un maçon ou un pionnier le serait près d'un chevalet ou d'un métier, qu'un ignorant au corps législatif. Ce n'est que dans le catholicisme que la bonne intention peut être réputée pour le fait.

Parcourez Aubusson, et vous verrez ces tapissiers traîner leurs vêtemens sales et déchirés, et demander l'aumône au passant, qui ne peut la refuser; entrez dans leurs logemens hideux, vous les verrez sans meubles, sans lits, sans provision, vous les verrez remplis d'enfans consommés par le scrophule ou le carreau.

Ces jardins qui garnissent les flancs des montagnes suspendues sur Aubusson et ses faubourgs, ne les prenez pas pour des indices de prospérité : c'est la misère luttant contre la mort qui a arraché à ces rocs sourcilleux, quelques pierres pour en former de mauvais murs de soutenement; c'est elle qui y a porté avec peine quelques pouces de terre végétale, qu'emporteront le premier orage ou la première fonte de neige; c'est elle qui y a semé quelques légumes que le froid et la sécheresse dévoreront. L'infortuné qui veut surmonter le malheur, est souvent appelé industrieux ; cependant il n'y a de l'industrie que là où la raison apperçoit au moins quelques probabilités de succès.

Autrefois les flancs, le dos et la tête de la plupart des montagnes voisines d'Aubusson, étaient couverts d'arbres, qui réunis entre eux par des arbustes et des plantes, défendaient les récoltes contre les vents les plus funestes ; qui, en présentant aux nuages électriques une foule de conducteurs, attiraient sur eux-mêmes l'orage, après avoir diminué sa force, et qui avec leurs nombreuses racines retenaient l'enveloppe des rochers, le granit décomposé, si redoutable aux champs et aux prairies, et ne livraient aux torrens les plus impétueux qu'une partie de la terre végétale formée chaque année par des feuilles trop abondantes pour que les pluies pussent les dissoudre entiérement.— Dans un cercle qui a plus d'un myriamètre de rayon, et dont Aubusson est le centre, quel fléau a pu détruire ces abris, ces conducteurs, ces engrais? La misère. La misère, qui depuis le commencement de la révolution, dévore tous les jours de plus en plus les malheureux tapissiers et qui ne pouvait obtenir de palliatifs que du pillage des forêts nationales et particulières.

En évaluant aussi bas que possible le bois que chacun d'eux a pris par jour, depuis 1790 jusqu'à présent, en ne la portant qu'à dix centimes, vous trouverez qu'ils en ont pris, année commune, pour 91,980 francs; et pendant six ans, pour 551,880 francs. Ajoutez à cette somme les 47,419 fr. employés en travaux de secours, et il s'en suivra que le seul canton d'Aubusson, en souffrant, pendant six ans, toutes les horreurs de la misère, a coûté 599,299 fr. N'examinez pas les arbres qu'ils ont morcelés, les taillis qu'ils ont coupés, vous verriez que leur manière de promener la hache, la coignée et la serpe, a fait plus de mal encore que le bois qu'ils ont pris.

Ce ne sont pas là tous leurs malheurs. Ces ouvriers sont o.2556 de la population, et ceux qui étaient attachés aux diverses manufactures

de Lyon, 0.2667 (1); leur manière de vivre
était également misérable : ainsi, en négligeant la petite différence qui se trouve entre
la comparaison de leur nombre à celui de la
population respective de leur arrondissement
et qui est 0.0111, on peut supposer que ce qui
arrivait à Lyon lorsque les ouvriers étaient malades et lorsqu'ils éprouvaient un renchérissement ou une privation de subsistance , pro-
duisait un effet semblable à Aubusson. La diminution du mal occasionnée en faveur des
premiers, par la promptitude, la sûreté , l'intelligence des secours et par la plus grande
fortune relative des fabricans, fait plus que
compenser la différence que je négligerai pour
la facilité du calcul. D'ailleurs, Vaudermonde
confond les fabricans avec les ouvriers, et je
ne l'ai pas fait.

La population de Lyon qui était 150,000
habitans , fournissait à l'Hôtel-Dieu dans les
tems ordinaires et annuellement, 12,847 malades ; 1,200 lits suffisaient; la mortalité était

---

(1) Rapport de Vandermonde, au comité de Salut
public , sur les fabriques et le commerce de Lyon.

(41)

1,014 ou au nombre des malades reçus comme 1
est à 12.66 (1).

La population du canton d'Aubusson qui
était réduite à 9,880, aurait, par conséquent,
si les tems eussent été ordinaires, fourni annuellement 848, et chaque jour 79 malades
qui auraient eu besoin d'assistance ; et la mortalité eût été au moins 66.

Supposons maintenant, que par le pillage
des forêts, leurs travaux, ou de toute autre
manière, ces 2,640 ouvriers d'Aubusson ayent
pu pendant les tems dont il s'agit, se procurer
0.75 de leur subsistance, ils ont dès-lors,
éprouvé un déficit journalier qui est 0.25 ; or,
en continuant de comparer le canton d'Aubusson à Lyon, il a produit un excédant
parmi les malades de chaque année, au moins
de 45, parmi ceux de chaque jour au moins
de 4 ; parmi les morts de chaque année au
moins de 5 ; et la mortalité, au lieu d'être
comme 1 est à 12.66, a été comme 1 est à
12.60 (2).

____

(1) Premier rapport fait à l'Académie des Sciences sur
l'Hôtel-Dieu de Paris. Compte rendu de Roland à la
Convention nationale.

(2) Le premier mémoire de cette collection.

Mais, chaque malade coûte au moins 75 centimes par jour; ainsi il y a eu à cet égard, une augmentation de dépense par jour de 3 francs; par an, de 1,095 francs; et pendant les six ans, de 6,570 francs (1). Ajoutez cette somme à la précédente, le seul canton d'Aubusson a coûté pendant six ans 605,869 francs, ou, année commune, plus de 100,978 francs; et il y a eu, pendant ces six ans, 270 malades, et il lui est mort 30 individus de plus.

Ceux qui voudraient ne pas convenir de cet excédant de malades et de morts, seraient obligés d'évaluer beaucoup plus haut que je ne l'ai fait, le produit du pillage des forêts; et alors le canton d'Aubusson aurait eu quelques malades, aurait perdu quelques individus de moins, mais il aurait coûté bien davantage.

Comment détruire cet amour du pillage et la haine des travaux sédentaires et la démoralisation, qui en sont les suites? Ce pourrait être le sujet d'un mémoire particulier. Ici je ne m'occupe qu'à consigner des faits peu connus et utiles, et à en tirer quelques résultats administratifs.

---

(1) Le second mémoire de cette collection.

Il suit déjà que ce n'est pas par de petits remèdes que l'on guérit ou que l'on pallie des maladies graves ; qu'en administration comme en médecine, il n'y a pas de panacée universelle ; et qu'enfin, lorsqu'il s'agit d'artisans, les fonds de secours, c'est-à-dire, les ateliers de charité, ne sont même pas de légers palliatifs. Il ne serait peut-être pas difficile de prouver qu'ils n'en sont pas, même lorsqu'il s'agit de manœuvres que des circonstances imprévues et passagères réduisent à n'avoir pas d'ouvrage.

Je suppose que l'Assemblée constituante a suivi les avis de ceux qui connaissaient théoriquement et pratiquement l'administration, et qu'elle a prévu une partie des effets de la révolution qu'elle avait commencée ; je suppose qu'elle a avancé aux ouvriers des manufactures d'Aubusson 47,419 francs ; je suppose, en outre, que tous les ouvriers sont sans ouvrage, et que le prix commun de la journée de travail est 75 centimes.

La nourriture des ouvriers n'étant pas changée, le nombre journalier des malades est 79, celui des travailleurs 2,561, auxquels il faut chaque jour 1,820 francs 75 centimes ; les 47,419 francs suffisent, dès-lors, pour salarier tous les manufacturiers pendant plus de 26 jours, ou pendant un mois à cause des jours de repos. Le tapis et les tapisseries auraient été employés à solder les grains et les autres denrées que le gouvernement, dès 1789, faisait venir de l'étranger, et pour lesquels il achetait à une perte toujours croissante, ou du numéraire ou des lettres-de-change.

Mais, comme les gouvernemens ne doivent pas être commerçans, que les manufactures de ce genre ne sont pas de première nécessité, qu'elles portent un germe de destruction dont on ne peut empêcher le développement, qu'il ne s'agissait que d'arracher les ouvriers à une ruine subite, et qu'on leur faisait seulement une avance, la loi aurait pu, chaque mois, retirer environ 566 francs; alors ce n'aurait été qu'en l'an 5 qu'elles auraient été ce qu'elles étaient en l'an 3; alors, chaque mois on aurait salarié 28 ouvriers de moins; mais il en serait mort 66 par an ou un peu plus de 5 par mois, ce n'aurait donc été que 25 qui, chaque mois, auraient été laissés sans ouvrage. Ce n'aurait jamais été qu'un individu intéressé au désordre, sur près de 400 intéressés à l'empêcher.

On aurait, par conséquent, évité aisément

le pillage des forêts qui appartiennent à la République et aux particuliers; on aurait, avec une faible avance, évité des dépenses considérables, des pertes qu'on ne réparera jamais; car, comment porter de la terre sur ces rocs dépouillés, comment y garantir les graines des pluies et de la sécheresse, les jeunes plantes, du froid et de la fonte des neiges; où trouver les bras et les fonds nécessaires pour ensemencer d'abord les flancs des montagnes, et conduire presque insensiblement la germination jusqu'à leur sommet?

En économie politique, qu'elle est longue l'histoire des erreurs? Mais qu'elle est utile? Puissent ces faits n'être pas perdus!

QUATRIÈME MÉMOIRE

SUR LE DIVORCE (1).

Lu le 7 nivôse an 6.

QUEL est l'objet des lois? c'est d'assurer à chaque individu la jouissance des droits que la nature lui a donnés ; il s'ensuit qu'un homme, qu'une femme ne peuvent être autorisés par la loi à aliéner leur liberté ni pour la vie ni pour un tems déterminé. En effet, peuvent-ils promettre que pendant toute leur vie, que dans dix ans, que dans un an, que dans un mois, ils aimeront ce qu'ils aiment aujourd'hui, ils verront, ils penseront comme ils voient, comme ils pensent aujourd'hui ; ils auront les mêmes goûts qu'ils ont aujourd'hui? Peuvent-ils répondre de l'avenir? Il le faudrait cependant, pour que la loi pût leur permettre d'aliéner leur liberté, de s'engager à vivre l'un avec l'autre, de contracter un

---

(1) Ce mémoire fait partie d'un ouvrage sur la législation, qui est assez étendu. On le donne ici à cause des faits et des résultats qui le terminent.

mariage qui ne peut être brisé que par la mort. Eh ! n'est-ce pas à ces vérités éternelles que les peuples modernes doivent le peu d'horreur que leur inspire l'adultère ? Nous sentons qu'il est excusable, nous en convenons, et nous n'osons pas avouer et nous n'osons pas dire hautement qu'il est le fruit de nos lois !

On a proposé le divorce pour l'épilepsie, la folie, l'inconduite, l'adultère, etc.

Quand il serait certain qu'il y a des espèces d'épilepsie et de folie, qui sont incurables et qui le seront toujours, la loi pourrait-elle en faire des causes de divorce ? Comment constater avec quelque précision, que celle de ces maladies dont un individu est atteint est celle qui ne se guérit pas et que l'on ne guérira jamais ? Un médecin très-habile, Pinel, ne guérit-il pas la *manie* par un traitement moral ? Qui osera assigner à l'esprit humain une borne qu'il ne franchira jamais, une borne qu'il ne franchira pas dans peu de tems ? Et quand on le pourrait.... ! pour le moraliste, qu'est-ce qu'un homme atteint d'une maladie incurable ? un malheureux, qui plus que qui que ce soit a besoin d'égards, de consolation. La loi peut-elle autoriser de l'abandonner, pour cela seul qu'il est plus nécessaire qu'on ne l'abandonne pas?

Le mot *inconduite*, pris dans le sens restreint qu'on lui donne ici, peut et doit signifier de la friponnerie, des bassesses, des mauvaises actions envers sa femme, ses enfans, une négligence coupable dans la gestion de ses propres affaires. Comment déterminer le degré qui peut motiver le divorce, et quelles preuves exigerez-vous ensuite? Enfin, que penserez-vous de la femme qui, abusant de l'intimité que lui donne le mariage, vient déshonorer et perdre son mari? La loi peut-elle exiger qu'un être honnête vive éternellement avec un être vicieux, ou se flétrisse en le flétrissant lui-même?

Il fallait la stupide législation des peuples modernes, leur absurde religion, la longue et profonde immoralité qui en sont les suites, pour regarder l'adultère comme une plaisanterie, et l'homme ou la femme qui s'en plaint comme un individu ridicule. Voulez-vous que le mari et sa femme vivent bien ensemble, voulez-vous qu'ils s'occupent conjointement de leurs affaires, de l'éducation et de l'instruction de leurs enfans; voulez-vous que l'espèce humaine s'améliore et se perfectionne avec rapidité,

rapidité, rendez l'adultère impossible ; faites
que le mariage ne soit pas indissoluble, car
autrement, chaque jour ne ferait qu'ajouter
de nouvelles forces aux antiques préjugés ;
faites que l'adultère ne soit pas une cause de
divorce, car il est bien facile de le rendre
improuvable, même en le rendant notoire ,
car chaque action qui n'entraîne à sa suite
aucune peine réelle pour tous ceux qui la
font, devient d'autant plus commune, qu'il
est plus constant que plus de personnes se la
permettent.

Enfin, ces causes de divorce et toutes celles
qui sont mortifiantes ou flétrissantes ont des
inconvéniens graves, des inconvéniens que
rien ne peut compenser ; c'est que le commencement du procès aliène à jamais la personne à laquelle il est intenté, de celle qui
l'intente, et que dès-lors ce qu'il y a de plus
affreux et pour elles et pour leurs enfans ,
c'est que les tribunaux ne regardent pas, ou
comme constans, ou comme suffisans, les
faits avancés; c'est que le divorce refusé ou
prononcé, il y a d'autant moins de voies à un
raccommodement que l'une et l'autre sont plus
honnêtes.

Que doit donc être le mariage? une asso-

ciation qui pourra être rompue dès qu'elle dé-
plaira ou au mari ou à la femme; une asso-
ciation dont les loix ne doivent se mêler que
pour assurer les droits des enfans qui doivent
en naître.

J'entends déjà de prétendus politiques et de
prétendus moralistes s'élever contre cette définition et crier à la démoralisation. Je supposerai qu'ils ont répondu d'une manière au
moins plausible, aux vérités si palpables dont
cette définition est le résultat ; je supposerai
qu'aucun d'eux n'a une femme avec laquelle
il vit mal et dont il a une fortune relative,
considérable ; je supposerai que leurs inten-
tions sont aussi respectables que leur conduite privée ; et je leur dirai : cette multiplicité de divorces qui vous effraie, démontre,
non que la facilité du divorce est un abus,
mais qu'autrefois on se mariait avec beaucoup
trop de légèreté, puisque dans tous les lieux
où la population était moins entassée, où l'ambition et l'avidité étaient moins excessives,
où les mariages étaient moins la suite des
convenances, les divorces ont été beaucoup
plus rares. Je leur dirai : sans le vertige catho-
lique et anti-républicain, qui pendant trop
long-tems a agité beaucoup trop de têtes, on

(51)

ne pourrait expliquer pourquoi les divorces n'ont pas été plus nombreux. Je leur dirai, que deux individus liés par l'estime et par cette légère différence dans les âges, les goûts, les opinions, qui bannit la monotonie et défend les oppositions, vous consultent sur une entreprise qu'ils veulent faire en commun, et que chacun d'eux pourra rompre lorsqu'il le jugera à propos ; cette dernière clause vous engagera-t-elle à leur conseiller de ne pas la faire ? Un mariage, je l'avouerai, est bien plus important. Mais l'habitude des mêmes plaisirs, des mêmes peines, mais les douceurs et les inquiétudes de la paternité, de la maternité, ne sont-elles pas de nouvelles chaînes qui, à chaque instant, renforcent les anciennes et les rendent plus légères ? je leur dirai : la facilité du divorce est le seul préservatif des mauvais mariages et du divorce lui-même. — Par quelle fatalité ceux que les circonstances ont placés parmi les législateurs, oublient-ils si souvent les hommes et les choses au milieu desquels ils ont vécu, ne voient-ils que les êtres fantastiques qui les entourent ?

Mais, quels sont les droits des enfans ?

La nature a ordonné à tous les animaux

(52)

d'avoir soin de leurs enfans et de les protéger
tant qu'ils sont faibles ; or, d'après l'organisation
physique et morale de l'homme, et sur-tout
dans l'état actuel de la civilisation, les enfans,
les hommes sont continuellement assaillis par
des besoins qu'il leur est difficile et souvent
impossible de satisfaire ; il s'ensuit que leurs
parens leur doivent à chaque instant des secours.

Quelques philosophes à hypothèses ayant
prétendu que la royauté dérivait de l'autorité
paternelle, on a dit que le moyen d'avoir de
bonnes mœurs, c'était d'augmenter le pouvoir
des pères, et on s'est bien gardé de parler de
cette loi générale de la nature que je viens de
rappeler. Je cherche celle qui peut appuyer
leur doctrine, et ne la trouve nulle part. Me
mettre au monde, est-ce un service qu'on me
rend ? me nourrir, m'élever, n'est-ce pas un
devoir dont on s'acquitte ? Et quelle autorité
ou quel droit peut suivre de ce qu'on ne m'a
rendu aucun service, et de ce qu'on m'a
payé ce qu'on me devait ? Mais si mes parens
ont eu pour moi de plus grands soins que ne
leur prescrivaient leur fortune et l'usage, je
leur dois compte de ce surplus ; ce surplus
leur donne des droits sur moi. Voulez-vous

que la piété filiale se trouve par-tout, faites
que les parens n'ayent à attendre de leurs
enfans, qu'en raison des plus grands soins
qu'ils en ont eus et qu'ils en ont; faites que
l'autorité paternelle ne soit pas une *autorité
d'argent.* O chrétiens, que vous avez fait de
mal avec votre péché originel ! Je suis époux
et père ; personne n'est plus que moi autorisé
à plaider la cause des femmes et des enfans.
Amis de l'ancien régime, quelles étaient vos
séparations de corps et de biens !

Les droits des enfans ne peuvent être une
quantité déterminée d'avance, de choses nécessaires, commodes et agréables, parce que
ce serait un *terme moyen* qui serait par conséquent et nécessairement trop considérable
pour certains parens, tandis qu'il serait à-peu-
près nul pour d'autres, parce que chaque
enfant a droit, non à telle portion d'aisance,
mais à la portion d'aisance que ses parens
peuvent lui procurer, et parce qu'enfin la
nature ne leur dit pas de le préférer à eux,
et qu'elle ne leur commande que de le traiter
comme eux.

Des observations nombreuses et exactes,
faites et publiées en Angleterre, prouvent que
la dépense d'un enfant, convenablement soi-

gné, est égale à la moitié de celle de son père ou de sa mère; ainsi, en déterminant quel est et sera pendant long-tems encore le nombre commun des enfans par chaque *mariage à vie*, on déterminera la portion d'aisance ou plutôt la portion de sa fortune, de son profit, de son salaire que chaque père et chaque mère doivent à chacun de leurs enfans, et par conséquent quels sont les secours que la loi doit assurer à chaque enfant né d'un mariage brisé par le divorce. En effet, si leur nombre est au dessous de ce nombre commun, il suffit qu'il soit très-probable qu'il y serait parvenu, pour qu'aucun enfant ne puisse se trouver lésé; et alors, les parens n'ayant pas une *famille complette*, les chaînes qui les unissent sont moins fortes et moins douces, leur séparation est plus excusable; on doit donc leur laisser les moyens de contracter un mariage mieux assorti, et d'avoir d'autres enfans, sans diminuer la portion d'aisance à laquelle ils pouvaient prétendre lorsqu'ils ont contracté le premier. Si le nombre des enfans excède ce nombre commun, le partage entre leurs parens et eux n'est pas plus difficile, puisque le père et la mère comptent chacun pour deux enfans.

Quel est ce nombre commun ?

Autrefois la population de la France était 25,000,000 ; année commune le nombre des morts était 793,933, et celui des naissances 928,918 ; mais, année commune, il naissait 20,000 bâtards, et le nombre des personnes qui, pour des causes industrielles, sortaient chaque année de France et n'y revenaient plus, était aussi 20,000 ; en multipliant le premier de ces deux derniers nombres par 25.18, durée commune de la vie pour les nouveaux nés, d'après la table de *Northampton*, il y avait en France une population de 503,600 bâtards, qui, retranchée des 25,000,000, donnait une population de 24,196,400 nés de mariages légaux ; le nombre des morts, en y ajoutant la perte occasionnée par l'émigration industrielle, et en en retranchant le nombre des bâtards morts, était 797,147, et celui des naissances, après avoir retranché celui des naissances illégitimes, était 908,918 ; ainsi, l'excédant des naissances légitimes, sur les morts qui étaient nés de mariages légitimes, était 111,771 ; ainsi, les personnes mariées, les veufs et les veuves, laissaient après eux 24,608,171 individus. Mais il y avait en France,

Personnes mariées...................... 11,100,000.
Veufs ....   609,756.
Veuves..................................   1,219,512.
                                         ____
                                          12,929,268.

Chaque personne mariée laissait donc après elle 1.9 enfans ou 10 personnes mariées laissaient après elles 19 enfans ; ainsi, le nombre commun des enfans par mariage à vie, était 3.8 ; ainsi nous pouvons le fixer à 4 ; parce que la prospérité de la France doit s'accroître dans une progression plus forte qu'auparavant. Autrefois cette progression aurait pu, année commune, être exprimée par cette fraction $\frac{111,771}{24,608,171}$; elle ne le serait pas actuellement par celle-ci $\frac{117,653}{24,608,171}$; car, autant qu'on peut le conjecturer, la liberté absolue d'intelligence et de bras, la destruction des préjugés nobiliaires et catholiques doivent avoir des résultats plus heureux. Mais il est vraisemblable que pendant long-tems, on s'en appercevra plus dans l'augmentation du nombre des mariages que dans celle du nombre commun des enfans par mariage, et que parmi les personnes de l'un et de l'autre sexe au-dessous de 2 ans, le nombre des personnes mariées ou veuves ne sera plus à celui des célibataires comme 1 est à o.o68 (1) ; on s'en appercevra à ce que le pain sera à Paris moins des o.7 de la nourriture, à ce que le nombre des malades ayant besoin de secours gratuits, ne sera plus à celui des individus qui n'en ont pas besoin ou qui se portent bien, dans les villes manufacturières, comme 1 est à .125, et dans toute la France, comme 1 est à 400 (2).

Il suit de ce qui a été établi dans ce mémoire ;

1°. Que le mariage doit être un engagement que chacune des parties peut dissoudre à volonté ;

---

(1) Les faits qui ont servi de bases à ces calculs sont extraits d'un ouvrage de *Lavoisier*, inséré par *Rœderer* dans la collection de divers ouvrages d'arithmétique politique, des recherches de *Moheau* sur la population, et des observations de *Montlinot*, sur les enfans trouvés de la généralité de Soissons. Le parti que l'on peut, en morale, en économie politique et en législation, tirer des faits, devrait bien engager à en recueillir.

(2) Voyez les mémoires précédens.

2º. Que chaque enfant a *droit* à une portion de la fortune de ses parens divorcés ;

3º. Que, lorsque le nombre des enfans est 4 ou au-dessous de 4, ce *droit* est un huitième de cette même fortune.

CINQUIÈME MÉMOIRE.

RÉFLEXIONS SUR LA FORTUNE,

Lues le 7 floréal an 7.

L'HOMME le plus heureux est celui qui satisfait le plus aisément ses besoins, et qui prend le plus aisément son parti sur les besoins qu'il ne peut satisfaire; ainsi *Épictete*, malade et esclave d'un homme absurde, pouvait être plus heureux que *Marc Aurèle* en bonne santé, et maître du monde alors connu.

La fortune est un besoin, puisque c'est le moyen indépendant de tout évènement probable, de se procurer les nécessités, les commodités et les agrémens de la vie.

Autrefois que les états n'avaient pas de constitutions fixes, que leurs autorités n'avaient ni limites ni freins, que leur territoire était tellement petit, et les assemblées du peuple tellement fréquentes, que chaque individu était personnellement ami ou ennemi de tous les autres, que les révolutions étaient tou-

jours probables, que les proscriptions pouvaient être journalières, que le desir de par-
tager des dépouilles pouvait les rapprocher et
les étendre, que la cherté des livres donnait
à la conversation des hommes instruits une
valeur inappréciable, que les lettres-de-change
n'étaient pas connues, et que l'hospitalité était
l'intérêt durable et l'intérêt du moment de
tous ceux qui jouissaient de la tranquillité,
les philosophes grecs pouvaient dire : *mé-
prisons la fortune.* Ils étaient sûrs de trouver
par-tout ce qu'ils perdraient s'ils étaient forcés
de s'expatrier ; et en dédaignant ce qu'on re-
cherche ordinairement, ils couraient un risque
de moins, et s'attribuaient sur l'espèce humaine une sorte de supériorité qui en impose
à l'irréflexion et caresse la multitude.

Dans l'état actuel des sociétés, il en est
autrement.

Considéré sous le rapport dont il s'agit ici,
l'homme le plus heureux est donc celui qui
habite le pays où l'on peut le plus aisément
et le plus promptement acquérir de la fortune et où l'on est le plus assuré de conserver celle qu'on a acquise, et celui qui a assez
d'instruction pour prendre son parti sur les
maux qu'il n'a pu et ne peut éviter ; or, un

peuple étant une aggrégation d'hommes , le peuple le plus heureux sera celui où les moyens honnêtes de faire fortune, le travail, le talent , les lumières , la bonne conduite , rencontreront le moins d'obstacles , et où l'instruction sera meilleure et plus répandue. Ces deux objets sont inséparables.

Quelques individus égarés par l'aisance dont jouissent les petits propriétaires , et le malheur des ouvriers de la campagne, ont prêché l'égalité de fortune ; d'autres se sont élevés contre la trop grande inégalité des fortunes.

La superficie de l'ancienne *France*, selon *Paucton*, était 105,000,000 d'arpens de 100 perches carrées (la perche a 22 pieds ou 3 ½ toises), environ 53,700,000 hectares ; sa population était 25,000,000 ; 28,200,000 arpens, environ 14,200,000 hectares, étaient chaque année ensemencés en blé ou en mars. Partagez ces terres ; chaque individu ensemencera chaque année 1.12 arpens, environ 0.54 hectares , et par conséquent chaque famille environ 6,5 arpens, 3.24 hectares , qui au grain trois, la semence prélevée , rapporteront à l'un moins de 556 livres, 260 kilogrammes ; et à l'autre 3,120 livres , 1,560 kilog. ; or , d'après la consommation totale de la *France*,

la consommation annuelle de chaque individu
de la campagne est en grain, plus de 583 liv.
285 kilog. ; il y aura donc annuellement, et
pour chaque individu, un *déficit* de 45 liv.
22 kilog. ; et pour chaque famille, de 261 liv.
132 kilog. Mais la grêle, la gelée, les pluies,
la sécheresse, les inondations, etc. détruisant
chaque année, une partie de la récolte de plusieurs portions d'un territoire aussi étendu,
comment celles-ci pourraient-elles se procurer
ce qui leur manquerait ? Leurs voisins ne
pourraient le leur fournir, puisqu'eux-mêmes
auraient à peine ou plutôt n'auraient pas le
nécessaire ; et puisque, dans tous les cas,
leur excédant ne suffirait pas pour les garantir
d'une faible partie des mêmes accidens ; qui
sont probables pour l'année suivante. Supposons que les terres soient partagées et que la
population soit divisée, comme elles l'étaient
avant la révolution, nous aurons 8,000,000
d'individus habitant les villes et les gros bourgs,
non occupés des travaux de l'agriculture, et
consommant l'un dans l'autre et année commune, ainsi qu'à *Paris*, 435 livres de grain,
213 kilog. ; et alors la population totale de la
France aura ce qu'elle consomme ordinairement et même un excédant de 69,000 quin-

taux, environ 3,375,066 kilog. qui peut ensuite procurer à 236,706 individus attachés à l'agriculture, la moitié de leur subsistance en grain, et parer au malheur qu'occasionnerait une grêle ou une gelée qui aurait enlevé la moitié de la récolte dans une étendue d'au moins 256 lieues carrées, environ 128 myriamètres carrés. Celui qui a peu et qui peut en avoir besoin, ne s'en dessaisit pas, tandis que celui qui a beaucoup, et qui ne peut que difficilement avoir besoin d'une petite quantité qu'il trouvera sans peine, ne demande pas mieux que de se défaire de son superflu (1).

Il est donc bien absurde, le projet de loi agraire.

Nous aurions pu montrer que les villes et les gros bourgs étant détruits par sa mise à exécution, les terres qui les avoisinent seraient moins engraissées, et rapporteraient moins, que chaque portion de terre n'étant donnée à chaque personne qu'en viager, les améliorations coûteuses et lentes ne seraient pas faites; que les besoins de l'homme ne se bor-

---

(1) Voyez les résultats de *Lavoisier* sur la richesse territoriale de la *France*, et l'essai de *Lagrange* sur les premiers besoins de l'intérieur de la République.

nant pas au pain seul, il ne pourrait satisfaire les autres que bien plus difficilement, parce que l'individu occupé de plusieurs travaux est bien moins habile et bien plus lent ; que chaque mort et chaque naissance nécessiteraient un nouveau partage ou de nouveaux déplacemens ; et que les talens, les lumières, la bonne conduite, le travail ne procurant à aucun plus de jouissances qu'aux autres, tous s'en dispenseraient.

Il n'est guères moins insensé de s'élever contre la trop grande inégalité des fortunes.

Quel est l'intérêt de ceux qui ont quelque chose de trop ? c'est de s'en défaire lorsqu'ils le veulent et au plus haut prix possible. De ceux qui ont besoin d'un objet ? c'est de l'acheter le plutôt possible et au meilleur marché possible. De ceux qui ont besoin de gagner ? c'est de travailler à ce qu'ils savent le mieux et d'être bien payés. Or, le pays où il y aura le plus de fortunes considérables, sera celui où ces divers intérêts seront le plus aisément satisfaits. En effet, supposons un négociant dont les fonds soient 1, et dix négocians dont les fonds de chacun soit 0.1, et que le revenu de l'un soit 0.1, et celui de chacun des autres 0.01. Le premier, en accumulant dans sa

maison

maison cinq fois plus de jouissances qu'aucun des autres, augmente dans l'année sa fortune de 0.07, tandis que les autres ne l'augmentent que de 0.04 ; et son crédit croissant au moins dans la même proportion, il a sur eux tous un avantage qui peut être exprimé par 0.06. Il lui est donc bien plus facile d'acheter au moment où l'on veut vendre et de donner un meilleur prix ; d'être mieux assorti et de vendre aux conditions les plus agréables pour l'acheteur ; enfin, de faire faire et de mieux payer les objets qui lui plaisent. Son pouvoir relatif serait, sous ces rapports, bien plus considérable, si nous supposons que les dix négocians ne peuvent rien épargner du produit de leurs fonds, ou si nous supposons que lui-même en épargne plus des deux tiers.

Il est évident que le résultat sera au moins le même, si les fonds, au lieu d'être placés dans le commerce, le sont en biens territoriaux.

Mettez une borne aux fortunes ; votre loi sera éludée ou des capitaux et des intelligences seront sans activité ; et l'un et l'autre sont encore un malheur public.

« Les impôts progressifs étant une espèce de loi limitative des fortunes, sont pour les mêmes

E

raisons, funestes et ont un caractère particulier d'injustice, puisqu'une propriété possédée par un ou plusieurs individus n'exige
ni plus ni moins de frais pour être, par la
société, préservée de toute attaque, et puisque ce n'est qu'à cause de cela que les impôts sont légitimes.

Sans doute il n'a existé aucun peuple où
chaque individu, avec plus de travail, plus
de talens, plus de lumières, plus de bonne
conduite, fût assuré de gagner davantage ;
par-tout il y a eu beaucoup de personnes qui
ont rencontré des obstacles qui leur étaient
étrangers et qui étaient invincibles ; par-tout
il y a eu des personnes qui, avec moins de
travail, moins de talens, moins de lumières,
moins de bonne conduite, ont gagné davantage. Certes, il serait curieux, il serait important d'en montrer les causes, de préciser
les effets de chacune d'elles ; c'est peut-être
une partie nécessaire des élémens d'économie
politique dont je m'occupe.

Quoi qu'il en soit, pour évaluer la prospérité relative de deux peuples, il n'est peut-
être pas indispensable d'entrer dans tous ces
détails ; il est des effets auxquels on peut re-
connaître la supériorité de l'un sur l'autre.

Celui où l'agriculture, les manufactures, le commerce seront les plus florissans, où les objets de première nécessité seront les plus nombreux pour les ouvriers les plus ordinaires, celui-là sera le plus riche.

En effet, dans deux parties de l'*Europe* prises au hasard et également étendues, cette portion de la terre végétale qui est formée par la nature, étant à-peu-près la même, l'excédant de produit, s'il y en a un, et si c'est en denrées pareillement acclimatées, est dû à un excédant de travail, d'industrie, et par conséquent de richesses du cultivateur. En effet, les manufactures les plus prospères étant celles qui, en faisant des profits égaux, donnent à meilleur marché des objets d'une valeur égale, ou à un prix égal des objets d'une valeur supérieure, cette différence est un excédant de richesses, puisqu'elle est le résultat de machines plus perfectionnées et d'un travail mieux entendu. En effet, l'objet du commerce étant l'échange de l'inutile pour l'utile, tout excédant de commerce est une preuve d'un excédant de moyens de se procurer les choses nécessaires, commodes et agréables, et par conséquent d'un excédant richesses. En effet, ceux qui font travailler

ne donnant aux ouvriers que le moins possible, tout excédant dans le salaire des ouvriers les plus ordinaires, est la suite d'un
excédant de besoin de bras, et par conséquent d'un excédant de profit que l'on retire
de leur travail, lorsqu'il n'y a pas de cause
extraordinaire de rareté.

L'or et l'argent, par les divers usages auxquels ils sont propres, par leur incorruptibi-
lité, leur divisibilité, leur rareté et les peines
qu'ils coûtent avant d'entrer en circulation,
l'or et l'argent étant devenus le terme de comparaison de toutes les marchandises, et celui
qui en a le plus étant assuré de trouver par-
tout plus de jouissances, on en a conclu que
la Nation qui en avait le plus, était la plus
riche. De-là, les systèmes d'économie politique, que les Gouvernemens de l'*Europe*
ont embrassés depuis la décadence de l'anarchie féodale.

Mais, cette conclusion n'est vraie pour les
individus et pour les Nations, que lorsque
toutes les autres circonstances sont égales
d'ailleurs. Supposons deux hommes âgés chacun de 3o ans, et que la fortune de l'un soit
1, et celle de l'autre 2 ; supposons que le
premier soit actif, intelligent, laborieux,

économe, et que le second se contente de ne pas manger son capital ; le crédit du premier sera au moins égal à la moitié de sa fortune ; et en se procurant dès la première année les mêmes jouissances que l'autre, et en consacrant aux mêmes objets, chacune des années suivantes, le produit toujours progressif de l'augmentation de crédit que lui procure l'augmentation de ses fonds, sa fortune lorsqu'il aura cinquante ans, lorsqu'il pourra, conformément à la table de *Northampton*, espérer de vivre à-peu-près 18 ans, sera plus de 19, tandis que celle de l'autre sera toujours 2. Cependant, nous avons, dans ce calcul, supposé que les fonds placés dans les entreprises industrielles ne rapportent que six pour cent, et que le double de ce qu'ils rapportent à un capitaliste qui les place chez un individu réunissant les qualités dont nous venons de parler, et faisant une entreprise sur la solidité de laquelle on peut compter. Or, une Nation étant une aggrégation d'hommes, celle qui sera active, intelligente, laborieuse, économe, aura par conséquent le même avantage sur celle qui se contentera de conserver ses capitaux.

Supposons maintenant que les deux indivi-

dus dont nous venons de parler soient mariés
l'un et l'autre, et que le nombre des enfans
de chacun soit à-peu-près égal au nombre
commun des enfans par chaque mariage, soit
4; le premier aura eu plus de moyens que
l'autre pour leur donner une instruction con-
venable; le premier, lorsqu'arrivera pour lui
l'âge du repos, et pour ses enfans celui de
s'établir, aura pour sa femme et pour lui $9\frac{1}{4}$,
et donnera à chacun de ses enfans $2\frac{1}{4}$; tandis
que le second n'aura pour sa femme et pour
lui que 1, et ne pourra donner à chacun de
ses enfans que $\frac{1}{4}$ (1); et en supposant que
leur postérité les imitera, que chacun de leurs
enfans, quel que soit son sexe, fera un mariage qui lui procurera une fortune égale à la
sienne, et que celle de chacune des deux
souches a commencé par être 1, celle de la
première accroîtra pour chaque génération,
dès le principe de son établissement, dans la
proportion suivante :

$$1 : 4.7 : 22.1 : 103.9\ldots\ldots \text{etc.}$$

tandis que celle de la seconde diminuera dans
cette proportion,

$$1 : 0.25 : 0.062 : 0.015\ldots\ldots \text{etc.}$$

____

(1) Voyez le mémoire précédent.

Les familles qui veulent se soutenir n'ont donc pas besoin de faire à un de leurs enfans des avantages; elles se soutiendront bien mieux en inspirant à tous l'amour de l'économie et du travail.

On pourrait craindre que quelques familles déjà puissantes par leurs richesses, pussent en peu d'années amasser assez de fortune pour être dangereuses. Mais il est au fond du cœur de l'homme un besoin qui s'y opposera, c'est celui du repos, c'est pour ceux qui ne le connaissent pas, le besoin de la réputation ou de la gloire. Examinez la conduite de tous ceux qui peuvent se procurer les jouissances auxquelles l'éducation les a accoutumés, le repos ou la réputation ou la gloire est presque le seul sentiment qui les anime. Et c'est ainsi que toutes les grandes fortunes disparaissent en peu de tems, quoique chacune de leurs parties soit encore possédée par des individus sortant de la même souche, et quoiqu'on ne puisse reprocher de l'inconduite à personne.

TABLE DES MATIÈRES.

Préface.......................... Pages v

Preuves arithmétiques de la nécessité d'encourager l'agriculture, et d'abandonner l'approvisionnement des grains à la
liberté du commerce............. 1

Sur quelques-uns des effets des
lois prohibitives ou réglémen-
mentaires....................... 12

Sur les manufactures de tapis
et de tapisseries d'Aubusson,
avant et depuis la révolution. 25

Sur le divorce.................. 46

Réflexions sur la fortune....... 59

Fin de la Table.